Título original em inglês: *Robotics for babies*

Texto © 2019 Chris Ferrie e Sarah Kaiser
Ilustrações © 2019 Chris Ferrie
Capa e projeto gráfico © 2019 Sourcebooks
Tradução © 2021 Editora Edgard Blücher Ltda.

Originally published in the United States by Sourcebooks, LLC. www.sourcebooks.com.

Publisher	Edgard Blücher	*Conselho editorial*	André Costa e Silva
Editor	Eduardo Blücher		Cecilia Consolo
Coordenação editorial	Jonatas Eliakim		Dijon de Moraes
Tradução e produção editorial	Bonie Santos		Jarbas Vargas Nascimento
Diagramação e adaptação de capa	Adriana Aguiar Santoro		Luis Barbosa Cortez
Revisão de texto	Bárbara Waida		Marco Aurélio Cremasco
			Rogerio Lerner

Blucher

Rua Pedroso Alvarenga, 1245, 4º andar
04531-934 – São Paulo – SP – Brasil
Tel.: 55 11 3078-5366
contato@blucher.com.br
www.blucher.com.br

Segundo o Novo Acordo Ortográfico, conforme 5. ed. do *Vocabulário Ortográfico da Língua Portuguesa*, Academia Brasileira de Letras, março de 2009.

É proibida a reprodução total ou parcial por quaisquer meios sem autorização escrita da editora.

Todos os direitos reservados pela Editora Edgard Blücher Ltda.

Dados Internacionais de Catalogação na Publicação (CIP)
Angélica Ilacqua CRB-8/7057

Ferrie, Chris
    Robótica para bebês / Chris Ferrie, Sarah Kaiser; tradução de Bonie Santos. – São Paulo : Blucher, 2021.
    24 p.: il., color. (Universidade dos Bebês)

    Bibliografia.
    ISBN 978-65-5506-215-1 (impresso)
    ISBN 978-65-5506-212-0 (eletrônico)

Título original: *Robotics for Babies*

    1. Literatura infantil – Robótica.   I. Título.   II. Série.   III. Kaiser, Sarah.   IV. Santos, Bonie.

21-2001   CDD 028.5

Índice para catálogo sistemático:
1. Literatura infantil – Robótica

ROBÓTICA
para bebês

Chris Ferrie e dra. Sarah Kaiser

Blucher

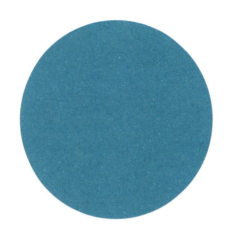

Isto é uma bola.

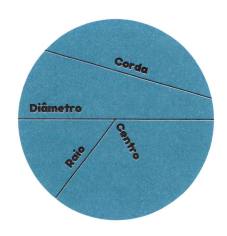

Ela tem o formato de um círculo. Círculos são legais!

Queremos mais círculos!

Ao trabalho!

Parece que vai demorar um pouco.

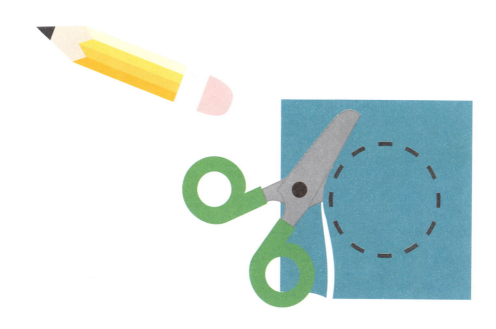

Como podemos fazer isso mais rápido?

Talvez uma ferramenta possa ajudar.

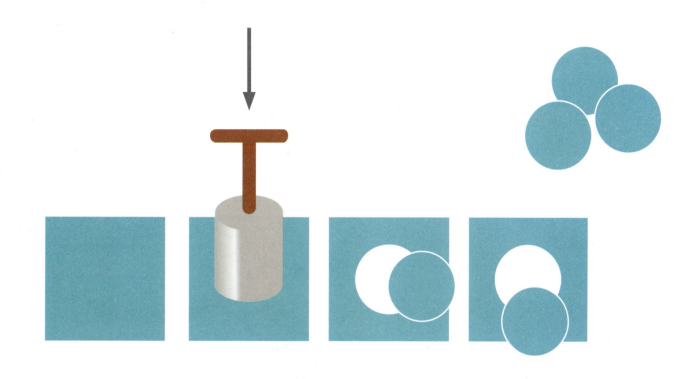

Assim está indo mais rápido!

Mas os círculos não estão iguais.

Como podemos trabalhar mais rápido e fazer todos os círculos exatamente iguais?

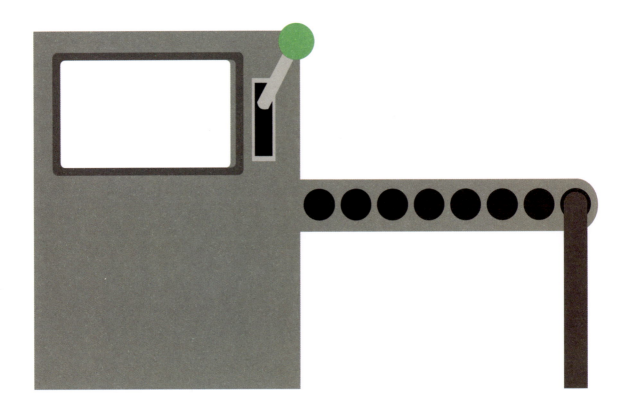

Talvez uma máquina possa ajudar.

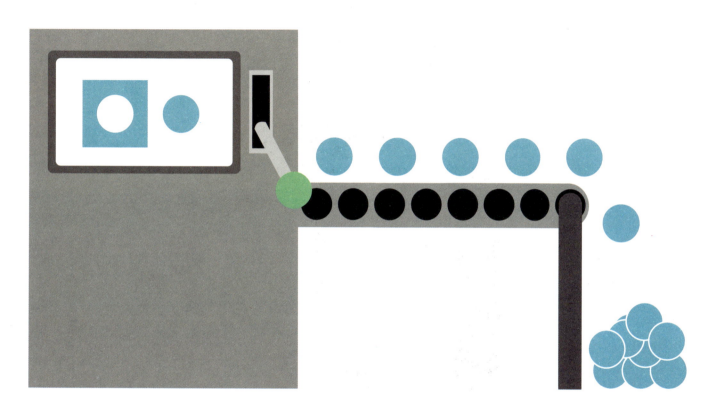

Agora sim eles estão iguais!

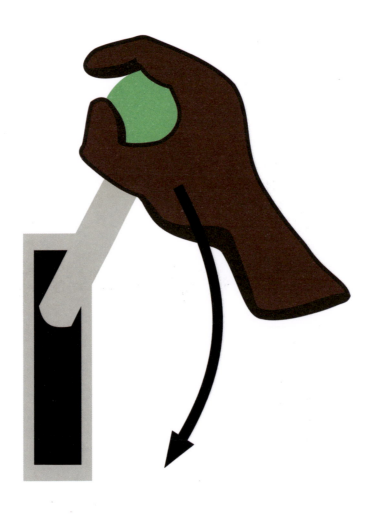

Mas alguém precisa operar a máquina.

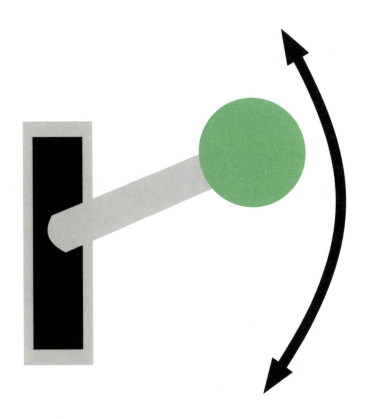

Como podemos fazer a máquina funcionar sozinha?

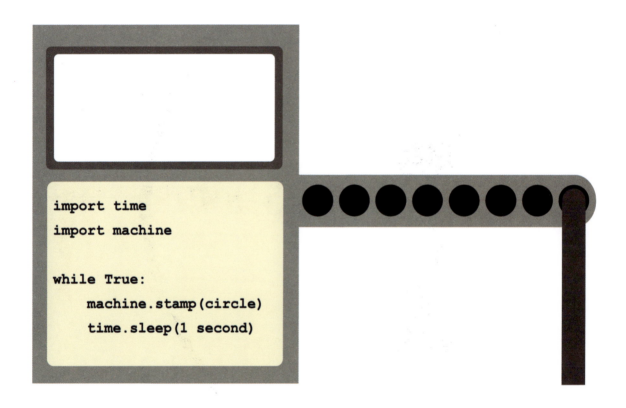

Talvez um computador possa ajudar.

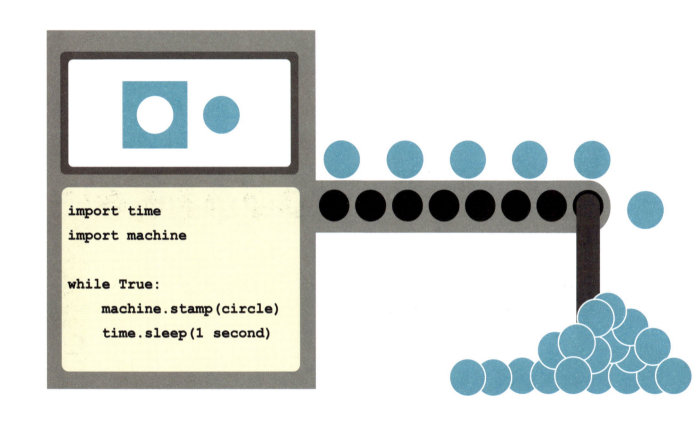

Agora ficou rápido e fácil!

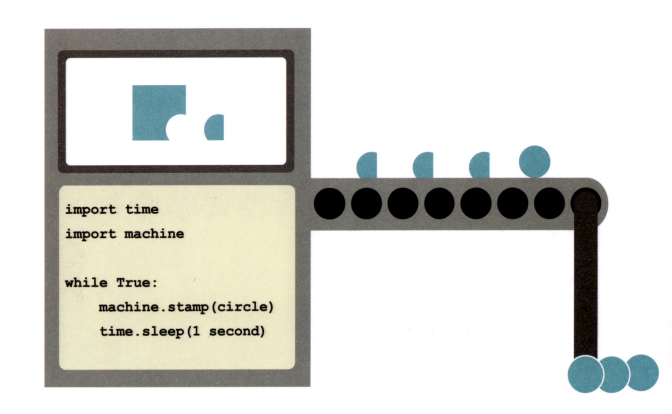

Mas o papel saiu do lugar.

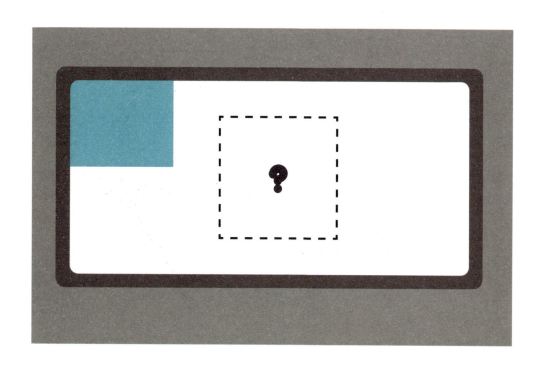

Como podemos fazer o computador enxergar o papel?

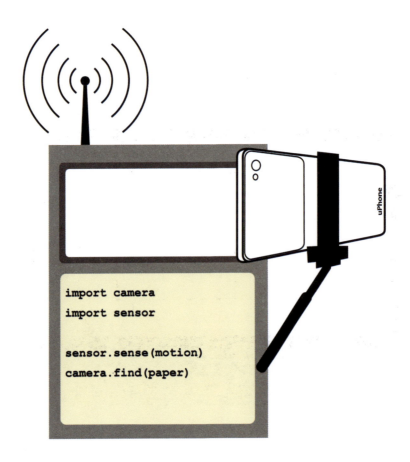

Dando ao computador câmeras e sensores.

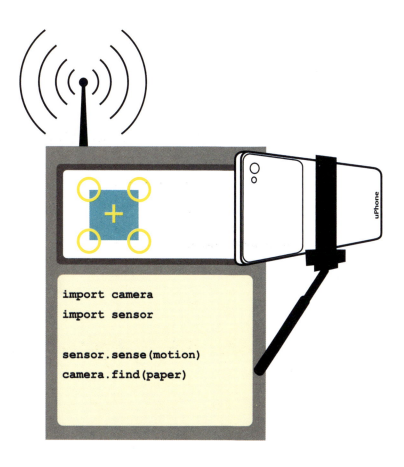

Agora o computador consegue achar o papel.

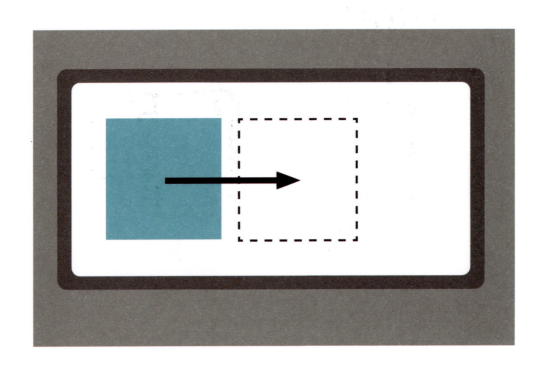

Mas o computador não pode mover o papel.

Então damos ao computador um braço. Isso vai ajudar! Agora ele virou um robô!

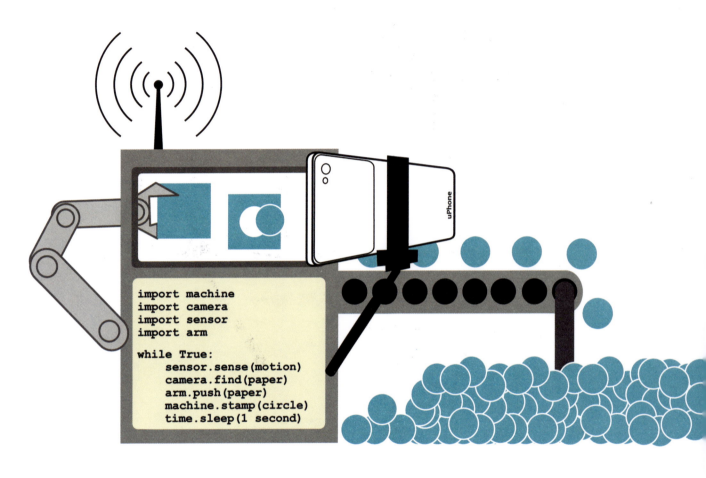

Robôs cortam melhor, mais rápido e de maneira automática.

Agora você já entende ROBÓTICA!